Alexandra Kleeberg

Eres extraordinario

eVision Publishing

Todo puede lograrse con imaginación

Paracelso

Alexandra Kleeberg

Eres extraordinario

Consejos mágicos para niños felices

Un libro para que lean juntos chicos y grandes

Con 20 ejercicios mágicos y 20 dibujos
para colorear

Colección Soy Fantástico, 1

Primera edición

© 2017, de la edición en español, eVision Publishing, Lindau, Alemania

© 2016 de la edición original en alemán, Dra. Alexandra Kleeberg, eVision, Lindau, Alemania

Ilustraciones y cubierta: Doan Trang (www.doantrang-arts.com)

Traducción: Laura Lecuona

Email: info@visionpublishing.com

www.evisionpublishing.com, https://www.facebook.com/eVision

ISBN-13: 978-3-946586-08-1 (Edición impresa en español)

ISBN-13: 978-3-946586-10-4 (Libro digital en español)

eVision Publishing - Casa editorial por la salud y la autosanación, el potencial y el desarrollo social

Vision tiene futuro. Cambiemos juntos por un mundo mejor.

Prefacio para los lectores adultos

Este libro quisiera ser una valiosa herramienta para una vida creativa, tanto de niños como de adultos. Igual que una varita mágica, ese poderoso instrumento de la fantasía.

Hay investigaciones científicas recientes que apoyan el poder de la creatividad. Podemos estimular la imaginación para enfrentarnos a nuestra vida cotidiana, revivir nuestro pasado y dar forma a nuestro futuro.

Podemos, sobre todo, plantar en los corazones de nuestros niños las semillas de un futuro fantástico. Allí podemos nutrirlos, fertilizarlos, protegerlos y cuidarlos. Cuando animamos a los niños a ser auténticos, también liberamos a nuestro propio niño interior de las ataduras de creencias y normas anticuadas. Podrá florecer así una relación creativa, cálida y amorosa, y el desarrollo se volverá un proceso mutuo.

Padres y madres pueden leer este libro junto con sus hijos. En las escuelas, los ejercicios mágicos pueden hacerse formar parte de las lecciones.

La versión impresa de *Eres extraordinario* contiene un anexo de veinte páginas con todas las fórmulas mágicas y sus correspondientes imágenes a tamaño completo para colorear.

Este es el primer libro de una colección para niños llamada Soy Fantástico. Su intención es inspirar a niños y niñas (y también a adultos) para que descubran el milagro y el poder de su cuerpo, su corazón y su mente, y aprendan cómo influir en estos y en sus amigos mediante imágenes interiores y ejercicios prácticos que les ayuden a desarrollar todo su potencial y bienestar.

Prefacio para los lectores pequeños

En este libro, la mariposa Sofía Monarca, la reina sabia del mundo de la libertad, cuenta la historia de su magnífica transformación.

Ella quiere inspirarte, alentarte, guiarte, y sobre todo recordarte todo lo que eres: eres extraordinario, maravilloso y muy especial. Dentro de ti tienes todo lo que necesitas para una vida sana, feliz y mágica. Y cuando te hagas amigo de otras personas extraordinarias, entonces tu vida será realmente admirable.

Cuando te encuentres el signo de la varita mágica habrá un consejo mágico, seguido del antiguo conjuro "¡Abracadabra!".

Los científicos no saben exactamente de dónde viene este conjuro o qué significa en realidad. Lo que se sabe es que, de alguna manera, funciona.

Las preciosas ilustraciones del pintor Doan Trang, de Vietnam, están en blanco y negro para que tú puedas colorearlas y veas que eres una persona singular y creativa. Fíjate bien en este libro ya que lo hayas coloreado todo y hayas escrito en él. Podrás verlo una y otra vez cuando seas más grande, para que siempre recuerdes lo extraordinario, talentoso y profundamente maravilloso que eres.

Disfruta la lectura.

Alexandra y Dietrich

Índice

1. Hazle caso a tu corazón

¿Te acuerdas de cuando hace rato estabas asomado a la ventana viendo hacia afuera, todo ensoñador?

En ese momento pasé volando muy cerca de ti. Noté que tus ojos me seguían. Sentí tu deseo de ser libre y ligero como yo. Entonces me desvié un poco y volé de vuelta hacia ti.

–¿Sabes que puedes tener tu vida en tus propias manos? –te susurré.

Sentí cómo tu corazón se abría de pronto, igualito que el mío. Quise darte mi varita mágica. La coloqué suavemente en el centro de tu corazón y te dije:

–Déjala ahí para tenerla siempre a la mano. Esta varita será tu instrumento más valioso. Con su ayuda y con tus deseos podrás cambiar el mundo. Te ayudará a hacer pequeñas y grandes maravillas, para que te hagas cada vez más fuerte, seguro de ti mismo y cariñoso. Tan solo di "¡Abracadabra!".

Consejo mágico 1

Imagina que tu varita mágica se conecta con tu corazón. Luego ábrelo y deja que desde él fluya un torrente de amor. Llena este amor de todos tus deseos y dile lo que quieres en la vida. Que sean deseos que te hagan feliz a ti y a todos los otros seres de este planeta. Luego imagina que tus deseos ya se cumplieron. Alégrate de haberlo logrado. ¡Abracadabra!

Fórmula mágica 1: Lleno mi varita mágica con el amor de mi corazón. Siempre deseo lo mejor para mí y para todo el mundo.

2. ¡Tienes muchos talentos!

Todo el día estuve volando de una dulce flor a otra. Siempre pensaba en ti. La noche siguiente volví a tu cama. Vi que estabas teniendo lindos sueños y dormías como un angelito. Te susurré:

–¿Sabes que eres completamente extraordinario? Hay algo muy especial dentro de ti. Tienes grandes ideas y talentos muy singulares.

»Antes, en la antigüedad, en Europa y Medio Oriente a las monedas de plata que la gente usaba para pagar les decían "talentos". Hoy se llaman "dinero".

»Para mí, los talentos son los tesoros interiores que sirven para una vida feliz, saludable y grandiosa.

»Yo crecí en un bosque verde lleno de hojas. Aquí puedes ver a todos mis talentos sonriendo en una hoja fresca.

–¿Estos son talentos? –me preguntaste en sueños–. ¡Con ellos no puedo c–omprar nada! No son más que unos cuantos huevecillos.

–Bueno, pues espera y verás lo que sale de ellos. Y al final del libro podrás asombrarte de toda la riqueza que esparcirán estos "simples" huevecillos.

La verdad es que yo misma no creía que del huevo que fui pudiera nacer algo muy bonito que digamos, pero cuando ahora veo a estos talentos pequeñitos resulta claro que me ha pasado algo muy especial.

Con ustedes, los niños humanos, pasa lo mismo: ahora mismo hay algo muy especial durmiendo dentro de ustedes.

3. Tu acta de nacimiento

Igual que yo, recibiste muchos talentos al nacer: son tus dones por haber nacido. Como recordatorio de eso, déjame darte tu acta de nacimiento.

Consejo mágico 2

Fotocopia esta acta de nacimiento y coloréala. Lleva una copia doblada en tu mochila, pega otra en la pared, en el espejo, en una puerta... ¡Sé creativo! Lo importante es que la veas todos los días. Cada vez que la veas, di en voz alta todos tus talentos, una y otra vez. ¡Abracadabra!

Fórmula mágica 2: Me familiarizo con mis talentos.

4. Descubre tus talentos

El acta de nacimiento muestra tus talentos humanos generales. Piensa en ellos, y ahora busca en tu interior cuáles son tus talentos especiales. Para eso te dibujé aquí muchos corazones:

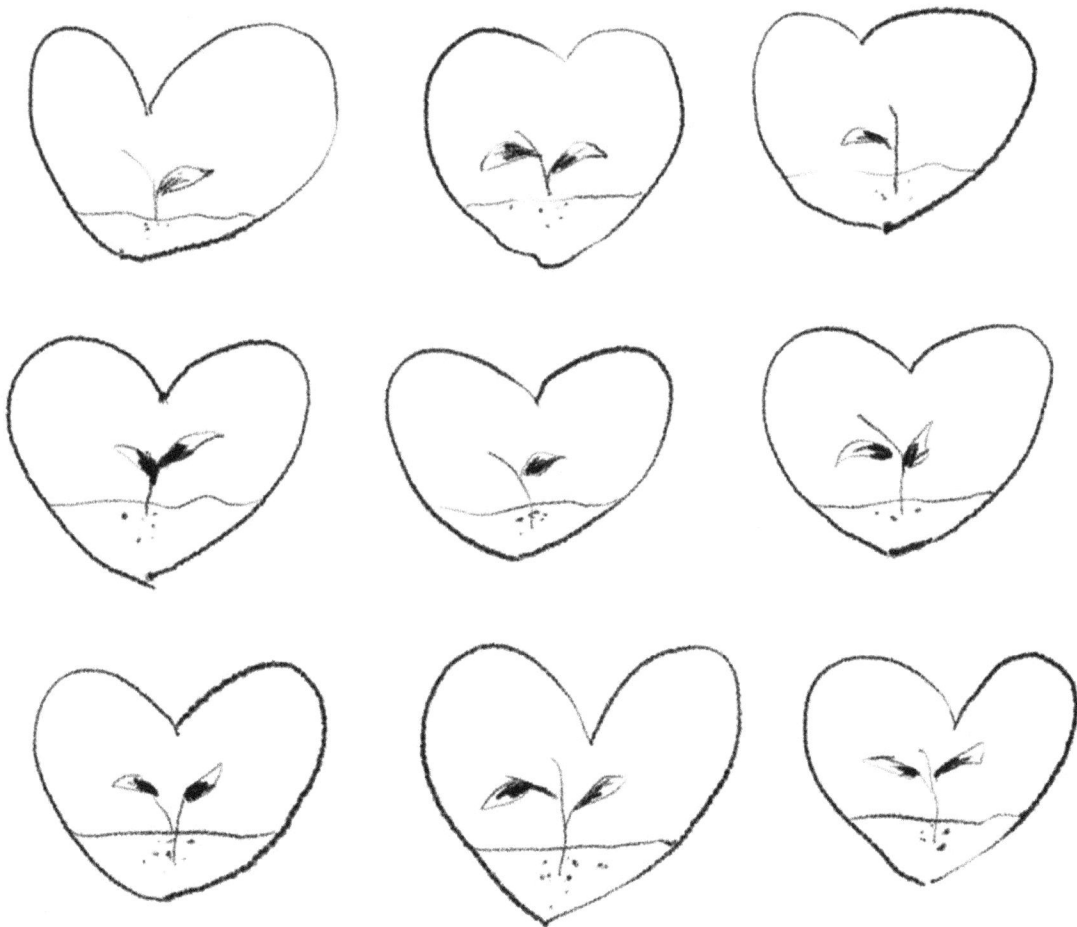

Consejo mágico 3

Dibuja o fotocopia los corazones y escribe adentro de ellos todos tus talentos: ¿qué te hace feliz, para qué cosas eres muy bueno, qué te gustaría aprender? Luego ve todos esos corazones ya llenos (y plenos). Allí crecen los retoños de tu maravilloso futuro. Pega la copia de tus corazones llenos junto a tu acta de nacimiento. Cada vez que los veas, repite en voz alta tus talentos particulares. ¡Abracadabra!

Fórmula mágica 3: Me familiarizo con mis talentos especiales.

Ahora te quiero dar también una corona. Te la has ganado. Después de todo, eres la reina o el rey de tu vida, ¿no lo crees?

Consejo mágico 4

Imagina que te pones en la cabeza una corona brillante. Tu columna vertebral se estira hacia ella y en ese mismo momento te haces más grande. Mantienes la corona en equilibrio sobre tu cabeza, como la foca del acuario con la pelota en la nariz. Entonces tu columna empieza a balancearse, y tú también. Ahora ya sabes, en el fondo de tu corazón, que eres la reina o el rey de tu vida. Nunca te quites la corona. Solo de noche puedes dejarla junto a la cama, y cuando te despiertes por la mañana y abras los ojos, verás cómo brilla. Póntela desde que te levantes para ir al baño y llévala en la cabeza todo el día. ¡Abracadabra!

Fórmula mágica 4: Siempre llevo mi corona en la cabeza.

Consejo mágico 5

Junto con la corona recibirás algo más. En cuanto te la pones, los extremos de tus labios empiezan a curvarse hacia arriba y llegan casi hasta la corona. Siempre trata de jalarlos más y más arriba. ¡Sí!, ahora toda tú brillas con una sonrisa encantadora. ¡Mírate nada más! ¡Abracadabra!

Fórmula mágica 5: Le sonrío a mi vida y me sonrío a mí misma.

Ahora ya estás muy bien equipada para una vida maravillosa.

Cuando estabas dormida vi que me sonreías. En ese momento me quedé prendada de ti. Te sentí muy cercana, así que empecé a contarte la historia de mi vida. La historia de mi magnífica, gran transformación. Tu sonrisa se fue ampliando más y más al escucharme.

5. Cultiva tus talentos

Cuando yo acababa de salir del huevo no sabía qué talentos tenía. ¡Así es!, ni siquiera yo pude adivinar que tendría esta gran transformación.

Me llamo Sofía, pero en aquel entonces, antes de mi gran transformación, a mí me decían nada más "Of". Los demás dejaban fuera la *S,* la *í* y la *a,* porque yo siempre tenía hambre y solo decía "¡of!".

Aquí puedes verme comiendo una rica hoja crujiente.
¿Observas mi amplia sonrisa?

Comer era mi actividad preferida. La disfrutaba, aunque engordaba y mi vestimenta iba quedándome chica. Además no llamaba mucho la atención: todos mis amigos estaban, como yo, come y come, disfrutando las hojas frescas.

Tú, como niña o niño humano, tienes que alimentar tu corazón y cultivar tus talentos, para poder crecer, prosperar y florecer.

El alimento de tu corazón es amor, amor y más amor. ¿Te digo un secreto? Lo más importante es que te ames a ti mismo. Eso te permitirá ser una persona libre e independiente.

Consejo mágico 6

Todas las mañanas mírate en el espejo, o ve tu reflejo en la ventana o alguna foto tuya. Elogia tus talentos, tus dones especiales, tu manera especial de estar en este mundo:

"Soy estupendo. Soy maravilloso. Soy fuerte. Soy..."
"Me quiero. Me quiero. Me quiero."

Repite esas frases en voz alta, da de brincos, baila con ellas. ¡Abracadabra!

Fórmula mágica 6: Me quiero tal como soy.

6. Aprende con entusiasmo

Una gran cubeta de agua que puedes
usar para regar y fertilizar tus
talentos se llama entusiasmo.
Es otro de tus regalos por haber nacido.

Es importantísimo que te diviertas
mientras aprendes. Con entusiasmo,
tu brillante cerebro bulle de mensajeros
que te ayudan a aumentar tu conocimiento
y tu curiosidad.

De otro modo puedes sentir eso que se llama
"estrés", que no te ayuda en nada.

Ya te mostré cómo puedes aprender con entusiasmo.

Salta, da de brincos, baila con el aprendizaje
y ríe mucho, igual que yo en mi hoja verde.

Consejo mágico 7

*Aprende de memoria todos tus talentos mientras brincas, bailas o gritas
lleno de entusiasmo.*

Fórmula mágica 7: Me entusiasmo conmigo y con mi vida.

7. Deseos

Entonces viví algo magnífico.

Un buen día subí a una de esas hojas verdes nutrientes y alcancé a ver un pedacito azul luminoso. Fascinada, miré hacia arriba. Por primera vez entendí que el mundo era más grande y extenso que la hoja verde donde me sentía como en casa. Levanté la cabeza entre los matorrales. Las zonas moteadas de azul iban aumentando. De pronto descubrí a unos seres que bailaban flotando en una luz brillante. Batiendo sus alas anaranjadas con manchitas, parecían seres mágicos. Me decían, entre zumbidos, unas palabras.

–Eres extraordinaria. Hay muchísimos talentos durmiendo dentro de ti. Un día te convertirás en algo muy bello –me gritó una de estas criaturas aladas.

Todo un enjambre de estos ángeles la siguieron y me decían, riendo:

–¡Sí!, te volverás muy hermosa, tal como nosotras. La vida es dulce, libre y ligera. Ya lo verás. Tú también vivirás todo esto.

Con esta promesa se fueron volando y yo regresé a mi hoja. Iba temblando. Sentía que la cabeza me estallaba. Todo se tambaleaba. Estaba cansadísima y me quedé profundamente dormida. Pero entre sueños oía las palabras de los ángeles anaranjados. Adentro de mí iba creciendo el deseo de volar yo también. ¿Cómo conseguirlo? No tenía idea. Lo cierto es que me vi a mí misma aleteando y volando libremente por los aires.

Consejo mágico 8

Sí, seguramente tú también tienes deseos, anhelos y objetivos. Te vuelvo a poner aquí los corazones para que escribas en ellos tus sueños más descabellados. Copia los corazones, coloréalos y pégalos en algún lugar por donde pases todos los días. Sí, allí donde ya pegaste tu acta de nacimiento y todos tus talentos. Ahora se les unirán tus deseos. Léelos en voz alta cada vez que te topes con ellos. Apréndetelos de memoria. Alégrate, brinca y baila. ¡Abracadabra!

Fórmula mágica 8: Me entusiasman mis deseos.

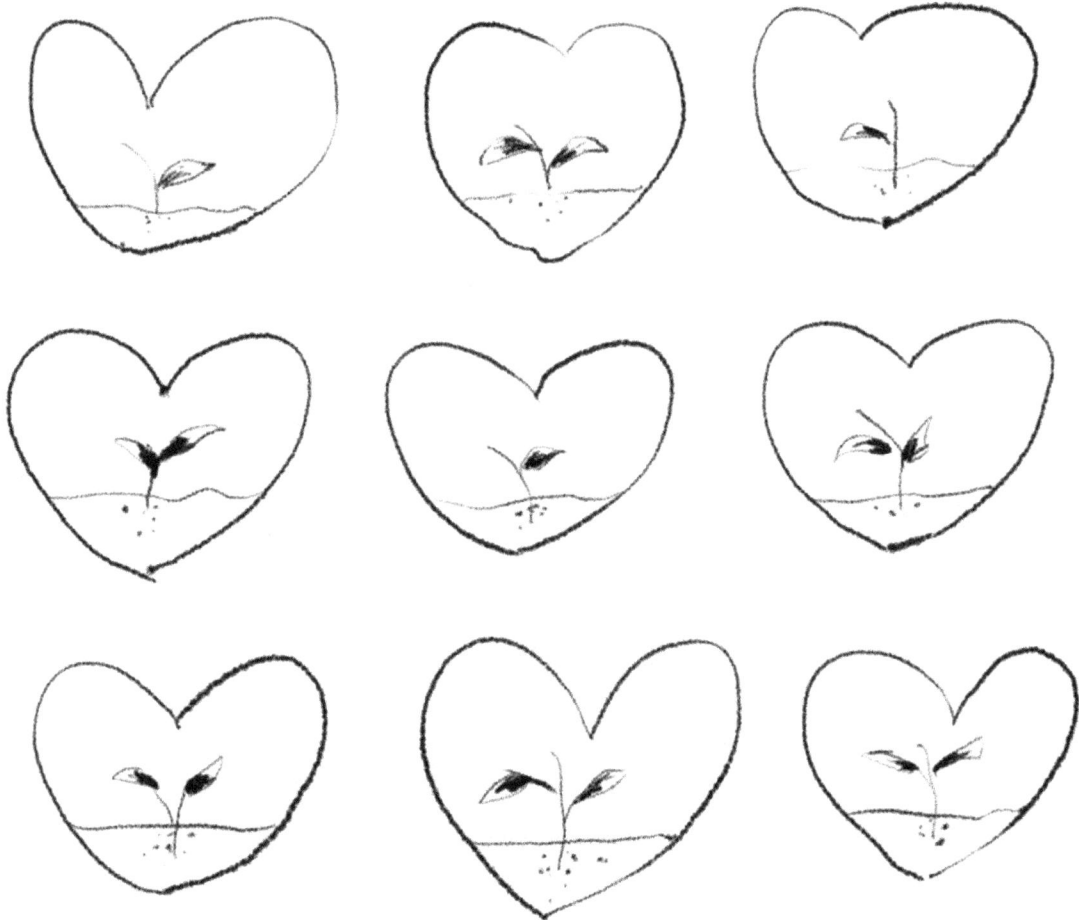

8. Protégete

De repente sentí que me rodeaban. Unas orugas muy jóvenes se habían arrastrado hacia mí, como si hubieran oído mi sueño.

–Estás loca. ¿A poco te crees mejor que nosotros?

Si alguien pretende rebajarte o devaluarte, trata de no hacer caso de sus palabras para que no logren entrar en ti. Hay un dicho: "Lo que una persona dice es lo que esa persona es". Todo lo que decimos es reflejo de nuestra alma. Lo que una persona dice la refleja a ella, no a los demás.

Esa vez primero me enojé y grité. Cuando las orugas gritamos no suena tan fuerte, pero los niños humanos como tú pueden gritar o llorar a gritos para calmarse. Es muy importante que lo hagas, pues así podrás soltar toda la tensión que llevas dentro. A veces a los adultos no les gusta mucho, pero la varita mágica tiene una solución.

Consejo mágico 9

Cuando no haya moros en la costa, grita muy fuerte. Saca todos tus enojos, tus miedos, tus tensiones. Si hay un adulto cerca y no quieres que nadie te descubra, enójate... ¡pero en silencio! También puedes agitar la varita mágica e imaginar que ruges como león, te rascas como gato, ladras como perro, o haces erupción como un volcán. Tan solo imagina algo que te tranquilice y te haga sentir mejor. ¡Abracadabra!

Fórmula mágica 9: Expreso abiertamente mis sentimientos.

Después de desahogarme, me fui. Quería estar sola. A nadie le hablé de mis sueños y mis deseos. En eso sentí que me rodeaba un círculo de luz dorada que me protegía. Podía usarla para mantener lejos de mí los insultos y ofensas de otras personas.

Consejo mágico 10

Imagina que dibujas un círculo protector a tu alrededor. Puedes crearlo con luz, con gis, con lápices de colores, con aromas. Inventa tu mejor círculo protector. Siente cómo adentro de él te sientes segura y a gusto. Cuando vuelvas a sentirte a salvo, disuélvelo. ¡Abracadabra!

Fórmula mágica 10: Invoco mi propio círculo protector.

Seguí mordisqueando mi hoja, saboreándola más que nunca. Fui creciendo más y más hasta que se reventó mi vieja piel y salí de ahí.

9. Sueña, sueña, sueña

Descubrí que ser yo misma
era grandioso.
El círculo protector se convirtió en una
cubierta protectora, como un capullo.
Yo solo quería seguir soñando,
sin que nadie me molestara.
Es algo que las orugas hacemos fácil.
Buscamos una rama, nos convertimos
en crisálidas y quedamos colgando.

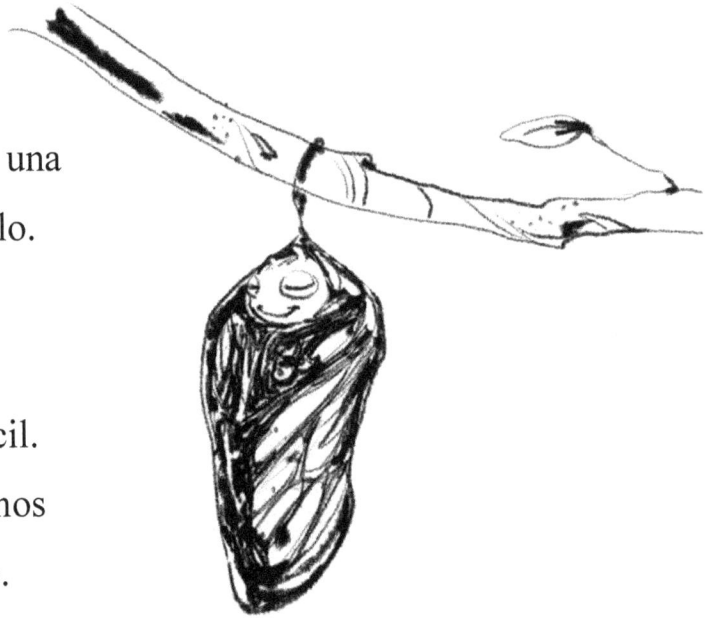

A esta condición maravillosa los seres humanos le dicen
"tomarse un tiempo libre", o sencillamente "pasar el rato".

De vez en cuando un viento suave provocaba vibraciones, pero casi todo
el tiempo yo estaba en paz. Me balanceaba y me sentía suelta y ligera.
Soñaba, soñaba y soñaba.

De tanto soñar se me formó una dorada cubierta protectora, donde yo
estaba tranquila y muy a gusto.

Vi a dos leones que me protegían. Quisiera darte también a ti dos leones
para que te protejan. Los míos eran muy poderosos, increíblemente fuertes,
y me hacían sentir segura.

Consejo mágico 11

Agita tu varita mágica. Inventa tus propios animales poderosos para que te acompañen. Ponlos donde más te sirvan, y relaja todo tu cuerpo. ¡Abracadabra!

Fórmula mágica 11: Invoco poderes animales para que me protejan.

Tenía la sensación de que nadie podía hacerme daño. Los leones siempre me protegerían, me defenderían. ¡Y yo podía acurrucarme contra ellos!

El sueño se puso todavía mejor: los dos leones se transformaron en dos ángeles que me protegían y consolaban.

De repente los ángeles me levantaron entre ellos y pude volar. Volé con ellos hacia el cielo y me fui haciendo cada vez más ligera y libre, como si pudiera flotar.

Consejo mágico 12

Agita tu varita mágica. Convierte los animales poderosos en ángeles que te consuelen. Siente cómo puedes confiar en ellos, y cómo te cosquillea el cuerpo agradablemente. ¿Verdad que es maravilloso que tus ángeles de la guarda estén contigo todo el tiempo? Ellos siempre están contigo. Sí, hasta pueden susurrarte unas respuestas al oído, para animarte y fortalecerte. Imagina que puedes volar como ellos. ¡Abracadabra!

Fórmula mágica 12: Invoco seres que me consuelen.

Estos sueños fueron colosales. ¡Hasta me olvidé rápidamente de las ofensas! De hecho, me sentí mal por las otras dos orugas: lo que una persona dice es lo que esa persona es. Podía perdonarlas.

10. Quiérete tal como eres

Una mañana lluviosa, una gotita se quedó en mi estuche dorado. Era fría, y su humedad era agradable. Al principio quería sacudírmela, pero destellaba muy bonito. La miré con atención: en esa gota vi la forma anaranjada con motas negras de una belleza delicada. Estaba acurrucada, oculta tras un velo casi transparente.

¿Sería que uno de esos seres angelicales se había acomodado encima de mí? Yo quería hablarle, pero él solo repetía mis preguntas. Me molesté y seguí preguntando: "¿Tú quién eres?" Luego oí un eco en respuesta: "¿Tú quién eres?"

Miré a esta criatura a los ojos.
Como que yo ya los conocía.
Había algo familiar en ellos,
y a la vez muy extraño.
Entonces caí en la cuenta:
¡Soy yo! Hermosa, color
naranja y delicada. Mi corazón
se sentía feliz. Mi cuerpo tembló
y reventó mi refugio.

¿Te das cuenta de que puedes
conocerte mejor si observas
cómo eres en el fondo? ¿Y que puedes
encariñarte cada vez más contigo mismo?

Consejo mágico 13

Siente lo singular que eres. ¿Te das cuenta de que eres adorable?

Quiérete mucho. Abrázate, bésate, acaríciate, échate flores. Busca tiempo

para quererte, todas las veces que puedas. ¡Abracadabra!

Fórmula mágica 13: Me demuestro cuánto me quiero.

Quería liberarme.

Me agité y me estiré en todas direcciones. En eso, algo maravilloso pasó. De tanto agitarme y apretujarme, se me salió algo que podía doblar y desdoblar. De repente me di cuenta de que era alta y ancha. Sentí como si no pesara nada. Noté que algo en mí se balanceaba con naturalidad. Repetí este nuevo movimiento. ¡Estaba muy orgullosa! Agité mis nuevas alas; las abrí cada vez más y con mayor fuerza.

Consejo mágico 14

Atrévete a salir de tu capullo. Sí, ¡ven!, preséntate al mundo tal como eres.

Muéstrales tus sentimientos a los demás. Abre tu corazón. Vuélvete más

libre y ligero. ¡Abracadabra!

Fórmula mágica 14: Abro mi corazón.

11. Sé libre

Lo que pasó es sencillamente indescriptible. Estaba contentísima cuando despegué por primera vez. ¡Cuánta ligereza! Me sentí muy pero muy bien. El viento me llevaba como a una nube.

No encuentro palabras para describir el sentimiento de felicidad que fluyó por todo mi cuerpo cuando levanté el vuelo.

Con que moviera un poco las alas, ellas me llevaban hacia adelante, fuera de las hojas del matorral. Seguí los rayos del sol y subí cada vez más arriba.

Consejo mágico 15

Ve hacia afuera: a un prado, un bosque, adonde sea. Salta, brinca, retoza.

Siéntete libre, ligero y abierto. Extiende tus alas, así nada más.

¡Abracadabra!

Fórmula mágica 15: Me invoco a mí mismo, libre en la naturaleza.

12. Vuela acompañada

Volé sobre praderas, campos y arroyos. Vi todo el mundo desde arriba.

Y entonces vi a estos ángeles de alas anaranjadas volando de flor en flor. Me uní a ellos, y me dieron una cálida y suave bienvenida.

Ahora sí estaba en casa, en medio de mi enjambre, con los míos.

Consejo mágico 16

Tú también encuentra tu propio enjambre: busca a gente a la que le caigas bien, y que a ti te caiga bien. Ábrete. Comunícate con otras personas de manera libre, natural y despreocupada. Si esto te asusta, prepárate leyendo de nuevo, una y otra vez, todos tus talentos y deseos. Regocíjate, baila, brinca, llena de alegría por ser quien eres. Siente por dentro cuán maravillosa y extraordinaria eres. ¡Abracadabra!

Fórmula mágica 16: Invoco amigos para mí.

Dos mariposas, con motas doradas muy particulares, volaron directamente hacia mí y me dijeron en tono alegre y amoroso:

—Perdónanos por haberte ofendido antes. No teníamos ni idea de la maravilla que es posible. Pero tu sueño resonó en secreto adentro de nosotros y nos dio ánimos. Ahora somos libres y ligeras, y tú eres sencillamente maravillosa. ¡Gracias!

Yo estaba feliz. Por supuesto que ya las había perdonado. Así, aprendí a querer todo el mundo.

13. Esparce la plenitud de la vida

Aquí me puedes ver en una flor, bebiendo su dulce néctar. Es delicioso.
Cada flor me pedía que pasara su dulzura:

—Sofía, por favor dile a la gente que la naturaleza es infinitamente bella:
colorida, fragrante, creativa y maravillosa. También los seres humanos
son hijos de la naturaleza. Diles que deben escuchar a su corazón:
allí encontrarán amor, amor y más amor.

Consejo mágico 17

Mira a tu alrededor y busca los talentos de otras personas. Pregúntales a
ellas cuáles son sus talentos. Descubre cuántos talentos hay en este mundo
e imagina todas las posibilidades que allí se encierran.

Pregúntales a tus hermanas y hermanos, a tu madre y tu padre, a tus amigas, a tus vecinos, a tus maestras, cuáles son sus talentos, sus deseos, sus sueños. Refuérzalos. Asómbrate de tantas y tantas posibilidades. Siente cómo reacciona la gente cuando descubres sus talentos.

Imagina que toda la gente tiene en su corazón estas semillas, que pueden desarrollarse de manera maravillosa si las regamos, las fertilizamos y las protegemos.

Fórmula mágica 17: Admiro los talentos de los demás.

Entonces, cada vez que batía mis alas esparcía por el mundo el néctar de las flores. ¿Y sabes qué me susurró la siguiente flor?

—Solo puedo reproducirme con tu ayuda. Tú esparces todas mis semillas por el mundo. Te lo agradezco, Sofía. De esa manera ayudas a esparcir la belleza, los poderes sanadores y los dulces aromas. Gracias a ti podemos florecer. Gracias, ¡muchísimas gracias!

¿Recuerdas que te mostré los huevecillos de oruga sonrientes a los que llamé "talentos"? ¿Te das cuenta de cómo contribuyen a que en este mundo haya abundancia? Sin ellos, esta espléndida abundancia no existiría.

Consejo mágico 18

Da tus talentos, tu alegría y tu amor: cuando los compartas se multiplicarán. Todo lo que le des al mundo te será devuelto de alguna manera. Hasta una sonrisa vuela de boca en boca. Todo lo que regales seguirá teniendo un efecto profundo en los corazones de la gente. ¡Abracadabra!

Fórmula mágica 18: Yo doy amor.

14. Siente amor

Esta es la historia de cómo me transformé, de una pequeña oruga, en una hermosa mariposa. Es asombroso, ¿verdad?

Para terminar, quisiera regalarte una última cosa.

¿Sabes que estoy en tu corazón ahora y para siempre?

Consejo mágico 19

Pon las manos sobre tu corazón. ¿Lo oyes latir? Ahora imagina que cada latido es como un batir de alas. Allí adentro me muevo con libertad, toda ligera. Recuérdame así, y recuerda también lo maravilloso que eres. Aquí en tu corazón puedes también conectarte con todas las cosas de manera amorosa.

Fórmula mágica 19: Siento amor por mí y por todos los seres.

Siempre podrás contar conmigo.

Te quiero.

Tuya,

Sofía

P.D.: Por último, te doy una bonita imagen de tu poder. Cópiala, coloréala, pégala donde puedas verla todos los días. También puedes hacer tu propio dibujo de una vida maravillosa, para que nunca olvides que eres singular, adorable y extraordinario.

Consejo mágico 20

Imagina que siempre estás seguro, protegido, fortalecido, y que eres profundamente amado. Agita tu varita mágica: ¡Que así sea para siempre! Imagina que una bendición dorada fluye por todo tu cuerpo, por toda tu vida y, sí, por todo el mundo. ¡Abracadabra!

Fórmula mágica 20: Invoco una bendición dorada para mí y la entretejo con mi maravillosa y extraordinaria vida.

Anexo: 20 fórmulas mágicas con ilustraciones

Puedes fotocopiar con total libertad estas ilustraciones
para tus ejercicios mágicos.

Fórmula mágica 1: **Lleno mi varita mágica con el amor de mi corazón.**

Siempre deseo lo mejor para mí y para todo el mundo.

Fórmula mágica 2:   Me familiarizo con mis talentos.

ERES MARAVILLOSO DOTADO TALENTOSO ÚNICO MAGNÍFICO ADORABLE LIBRE CREATIVO JUGUETÓN EXTRAORDINARIO

Fórmula mágica 3:   *Me familiarizo con mis talentos especiales.*

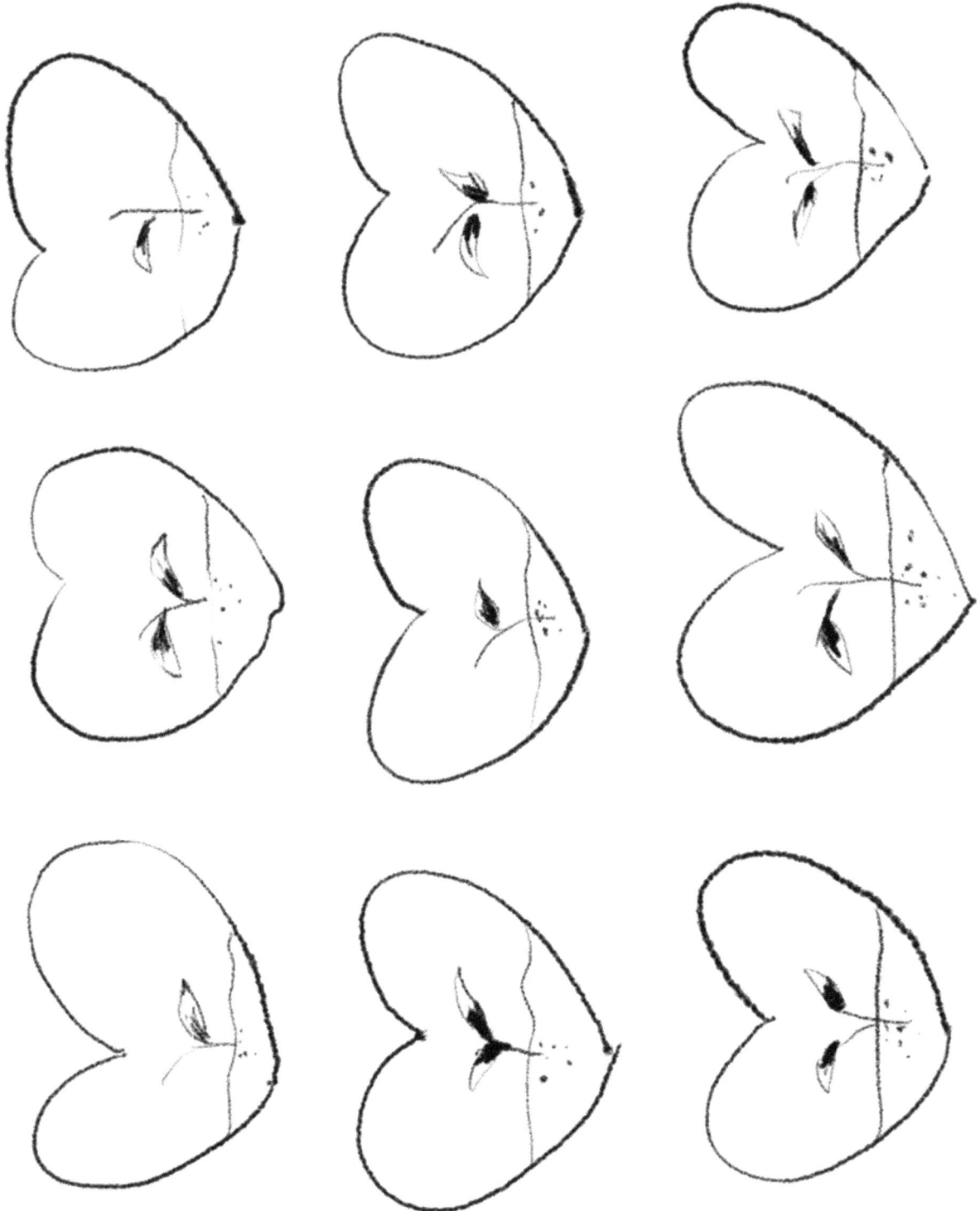

Fórmula mágica 4:   Siempre llevo mi corona en la cabeza.

Fórmula mágica 5: Le sonrío a mi vida y me sonrío a mí mismo.

Fórmula mágica 6:   Me quiero tal como soy.

Fórmula mágica 7: Me entusiasmo conmigo y con mi vida.

Fórmula mágica 8: Me entusiasman mis deseos.

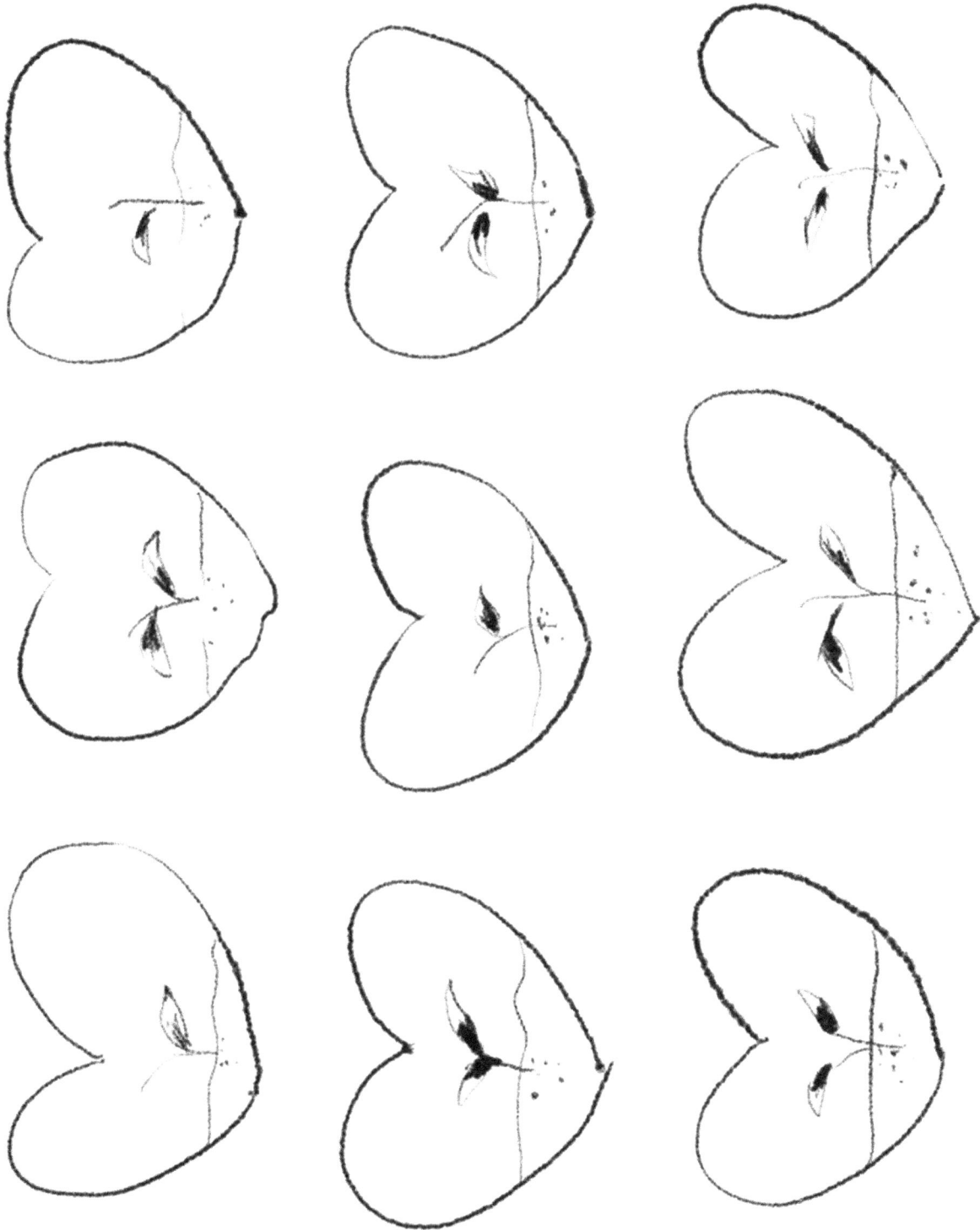

Fórmula mágica 9:   Expreso abiertamente mis sentimientos.

Fórmula mágica 10: **_Invoco mi propio círculo protector._**

Fórmula mágica 11: Invoco poderes animales para que me protejan.

Fórmula mágica 12: Invoco seres que me consuelan.

Fórmula mágica 13: **Me demuestro cuánto me quiero.**

Fórmula mágica 14: Abro mi corazón.

Fórmula mágica 15: Me invoco a mí misma, libre en la naturaleza.

Fórmula mágica 16: Invoco amigos para mí.

Fórmula mágica 17: Admiro los talentos de los demás.

Fórmula mágica 18: Yo doy amor.

Fórmula mágica 19: Siento amor por mí y por todos los seres.

Fórmula mágica 20: *Invoco una bendición dorada para mí y la entretejo con mi maravillosa y extraordinaria vida.*

Ilustración adicional: **Tu varita mágica**

eVision

La casa editorial **eVision** ofrece una plataforma para quienes quieran exponer sus visiones, su sanación y sus historias de vida. **eVision** piensa en un futuro de transformación individual y social para que todos tengan una vida saludable, feliz y realizada.

Con libros impresos y electrónicos, videos, audios, seminarios en red y presenciales y encuentros queremos conectar a la gente, inspirarla, así como reunir y difundir conocimientos antiguos y nuevos.

Si eso también a ti te entusiasma, visítanos en **www.evisionpublishing.com.** Probablemente tengas una historia de vida qué contarnos.

Vision tiene futuro – ¡Volemos juntos!

Alexandra y Dietrich

.

www.ingramcontent.com/pod-product-compliance
Lightning Source LLC
Chambersburg PA
CBHW081552040426
42448CB00016B/3302